통通성경학교 STEP 2

마음 훈련

Heart Training

마음 훈련

초 판 1쇄 발행 2015년 8월 31일
4쇄 발행 2019년 1월 21일

지은이 · 조병호
펴낸곳 · 도서출판 **통독원**
디자인 · 전민영

주소 · 서울시 강남구 논현동 278-3
전화 · 02)525-7794
팩 스 · 02)587-7794
홈페이지 · www.tongbooks.com
등록 · 제22-2766호(2005.6.27)

ISBN 978-89-92247-90-0 03230

통通성경학교 STEP 2

마음 훈련

Heart Training

조병호 지음

통독원

목차

1
하나님의 마음

창조 때의 좋아하시는 하나님 마음과
홍수 심판 때의 아픈 하나님 마음

Heart Training

"하나님이 지으신 그 모든 것을 보시니
보시기에 심히 좋았더라"(창 1:31).

"여호와께서 사람의 죄악이 세상에 가득함과
그의 마음으로 생각하는 모든 계획이
항상 악할 뿐임을 보시고
땅 위에 사람 지으셨음을 한탄하사
마음에 근심하시고"(창 6:5-6).

꿈도, 눈물도, 지혜도, 노래도, 용기도, 하나 됨도 다 마음에서 시작됩니다. 사람들이 흔히 하는 말 가운데 '속상하다'라고 표현하는 것은 사실 그 사람의 마음이 상해 있다는 것입니다. 그리고 '속이 보인다.' 라는 것은 마음이 들켰다는 것입니다. 또한 '속이 있네.' 혹은 '속이 없네.' 라고 말하는 것은 그 사람의 내장이 있고 없음을 말하는 것이 아니라, 사려 깊은 마음이 있고 없음을 말합니다.

인간의 가장 근원적인 마음인 사랑과 미움까지도 이처럼 마음에서 시작되고 마음에서 끝이 납니다.

사람의 마음이 이렇게 중요한 만큼이나 하나님 마음 또한 매우 중요합니다. 성경은 하나님의 마음을 우리에게 생각 이상으로 많이 표현해주고 있기 때문입니다.

그런데 우리가 어리석고 이기적이어서 우리 마음만 중요하게 생각하고, 하나님의 마음을 헤아리려는 시도조차 하지 않는 것입니다.

성경은 창세기 1장에서부터 벌써 하나님의 마음 상태가 세심하게 기록되어 있습니다. 온 천하 만물을 창조하신 하나님께서

좋아하셨고, 특히 하나님의 형상을 닮은 우리 인간들을 창조하시고는 매우 좋으셔서 "심히 좋았더라."라고 말씀하십니다.

창세기 1장에서는 하나님의 마음이 성발 행복해하고 계심을 알 수 있습니다. 그런데 성경을 몇 장 넘기기도 전에 창세기 6장에서부터 벌써 하나님의 마음이 너무나 상해 계심을 알 수 있습니다. 하나님께서 심지어 하나님의 형상을 닮은 사람 지으셨음을 한탄하고 계십니다. 자식을 낳아서 정성을 다해 길렀는데 그 자식이 하는 모든 일이 악하고, 더 나아가 도저히 사람 노릇을 하지 못할 지경에까지 이르렀다는 것입니다.

오죽하면 하나님께서 이 땅에 사람 시으심을 '한탄'까지 하셨다고 성경이 증언하고 있겠습니까.

그래서 하나님께서 결국 노아 시대에 홍수로 세상 사람들을 처벌하십니다. 하늘에서 비가 쏟아지고 바닷물이 솟구쳐서 온 세상이 물에 잠겼습니다. 그 시대에 노아의 여덟 식구를 제외한 모든 사람들이 홍수로 다 죽었습니다.

공의의 하나님 앞에서 죄에 대한 값은 사망이기 때문입니다. 그런데 깊이 곰곰이 생각해보면 노아 홍수 때의 그 많은 물은 하나님의 눈물이라고 느껴집니다.

하나님의 본성이 사랑이신데 그 사랑의 하나님께서 온 세상을 심판하시면서 마음이 아프셨을 것이기 때문입니다. 그리고 성경 전체를 처음부터 끝까지 읽어보면, 하나님께서 하나님의 형상을 닮은 사람들을 얼마나 아끼고 사랑하시는지 알 수 있습니다.

공의의 하나님께서 죄지은 사람들에 대해서 처벌하시지만, 하나님의 형상을 닮은 하나님의 자녀들을 스스로 처벌하시면서 아픈 마음으로 참으로 많은 눈물을 흘리셨을 것 같습니다. 그래서 창세기에서는 하나님의 기뻐하시는 마음과 한탄하시는 마음이 함께 있음을 알 수 있습니다.

2

열방을 향한 꿈

홍수 후 아브라함, 모세를 통해 열방을 향한
제사장 나라의 꿈을 꾸시는 하나님

Heart Training

"그들이 마음의 상함과 가혹한 노역으로 말미암아
모세의 말을 듣지 아니하였더라"(출 6:9).

"세계가 다 내게 속하였나니
너희가 내 말을 잘 듣고 내 언약을 지키면
너희는 모든 민족 중에서 내 소유가 되겠고
너희가 내게 대하여 제사장 나라가 되며
거룩한 백성이 되리라"(출 19:5-6).

"백성이 일제히 응답하여 이르되
여호와께서 명령하신 대로 우리가 다 행하리이다"
(출 19:8).

꿈도 마음에서 나옵니다. 하나님의 꿈도 하나님의 마음에서 나왔습니다. 공의의 하나님께서는 인간들의 죄에 대해 홍수로 처벌하신 후에 열방을 향한 꿈을 다시 꾸십니다. 하나님의 마음에서 열방을 향한 그 놀라운 꿈이 나온 것입니다.

하나님께서 열방을 향한 꿈을 꾸시며 한 사람 아브라함을 택하십니다. 그러자 아브라함이 하나님을 알게 되고, 하나님을 믿고, 하나님의 말씀에 순종합니다.

하나님께서는 아브라함이 하나님을 믿고, 하나님의 말씀에 순종하는 것이 '믿음' 이라고 말씀하십니다. 아브라함이 끝까지 하나님을 믿고, 하나님의 말씀에 순종하자, 하나님께서는 아브라함에게 하나님이 베푸시는 기적을 체험하게 하십니다. 그러자 아브라함이 하나님께 영광을 돌립니다.

이처럼 하나님을 알고, 하나님을 믿고, 하나님의 말씀에 순종하고, 하나님의 기적을 체험하고, 하나님께 영광을 돌리는 아브라함의 삶이 성경이 말하는 진정한 '영성' 입니다.

하나님께서는 이와 같은 영성의 사람 아브라함과 열방을 향한 꿈을 함께 꾸기 시작하셨고, 아브라함의 후손들을 통해 그 꿈을 실현하기로 아브라함과 언약을 맺으십니다.

"내가 내 언약을 나와 너 및 네 대대 후손 사이에 세워서
영원한 언약을 삼고 너와 네 후손의 하나님이 되리라
내가 너와 네 후손에게 네가 거류하는 이 땅 곧
가나안 온 땅을 주어 영원한 기업이 되게 하고
나는 그들의 하나님이 되리라"(창 17:7-8).

하나님께서는 열방을 향한 꿈을 위해 아브라함의 후손들이 큰 민족을 이루기까지 500여 년을 기다리십니다. 그리고 그 민족으로 하여금 제사장 나라를 세우게 하시고, 그들이 거룩한 시민으로 하나님의 꿈에 동참하기를 원하셨습니다. 그래서 흉년에 기근을 피해 애굽(이집트)으로 내려가 있었던 아브라함의 후손들에게 준비된 지도자 모세를 보내신 것입니다.

그런데 그때 아브라함의 후손들은 애굽(이집트)에서 요셉을 알지 못하는 왕으로 인해, 그리고 애굽(이집트)의 제국주의 정

책으로 인해 노예로 심한 노역을 하고 있었으므로 모세가 전하는 하나님의 꿈을 이해하지 못했습니다.

"모세가 이와 같이 이스라엘 자손에게 전하나 그들이 마음의 상함과 가혹한 노역으로 말미암아 모세의 말을 듣지 아니하였더라"(출 6:9).

그러나 모세와 바로와의 6개월에 걸친 9번의 협상, 그리고 하나님의 히든카드 유월절을 통해 아브라함의 후손들은 마침내 애굽에서 나오게 됩니다.

출애굽의 기적을 체험한 아브라함의 후손들이 시내 산에 도착했습니다. 이때 하나님께서 이스라엘 백성들에게 제사장 나라의 꿈을 보여주셨고, 그들은 제사장 나라의 거룩한 시민으로 열방을 향한 하나님의 꿈에 동참하겠다고 약속했습니다.

"세계가 다 내게 속하였나니 너희가 내 말을 잘 듣고 내 언약을 지키면 너희는 모든 민족 중에서 내 소유가 되겠고 너희가 내게 대하여 제사장 나라가 되며 거룩한 백성이 되리라 너는

이 말을 이스라엘 자손에게 전할지니라"(출 19:5-6).

"백성이 일제히 응답하여 이르되 여호와께서 명령하신 대로 우리가 다 행하리이다 모세가 백성의 말을 여호와께 전하매"(출 19:8).

하나님께서는 제사장 나라의 거룩한 시민의 삶을 살겠노라고 하나님 앞에 약속한 아브라함의 후손들에게 그들을 지켜주고 그들의 하나님이 되겠다는 약속을 주셨습니다. 하나님과 아브라함의 후손들 사이에 열방을 향한 꿈의 언약이 제사장 나라로 체결된 것입니다. 하나님께서는 애굽(이집트)에서 제국을 경험한 아브라함의 후손들로 하여금 제사장 나라를 세우게 하시고 모든 민족을 향한 복의 통로가 되게 하셨습니다.

열방을 향한 하나님의 꿈이 이렇게 하나님의 마음에서 시작되어 아브라함 이후 500년 만에 드디어 결실을 맺게 되었습니다.

3

만나세대

하나님의 꿈을 40년 만에 자신들의 마음에 담는
60만 만나세대

Heart Training

"이 말씀을 너는 마음에 새기고
네 자녀에게 부지런히 가르치며"(신 6:7).

"너를 낮추시며 너를 주리게 하시며
또 너도 알지 못하며 네 조상들도 알지 못하던 만나를
네게 먹이신 것은 사람이 떡으로만 사는 것이 아니요
여호와의 입에서 나오는 모든 말씀으로 사는 줄을
네가 알게 하려 하심이니라"(신 8:3).

하나님께서는 출애굽한 이스라엘 백성들과 제사장 나라 언약을 맺으시고, 그들에게 십계명을 돌에 새겨주셨습니다. 그리고 이스라엘 백성들로 하여금 십계명 두 돌판을 언약궤(증거궤)에 넣어 보관하게 하시고, 그 언약궤(증거궤)가 머무는 곳이 하나님의 이름을 두려고 택함을 받은 곳이라 말씀하셨습니다. 그런데 그 후에 하나님께서는 광야에서 40년간 만나를 먹으며 모세에게 율법을 배운 만나세대들에게 하나님께서 주신 말씀을 돌이 아닌 마음에 새기라고 말씀하십니다. 그리고 더 나아가 그들에게 마음에 새긴 하나님의 말씀(창세기, 출애굽기, 레위기, 민수기, 신명기)을 그들의 자녀들에게 가르치라고 말씀하십니다.

만나세대는 출애굽 당시 20세 미만의 청소년들과 광야에서 태어난 어린아이들이었습니다. 그들의 부모세대는 하나님에 대한 믿음이 없음으로 늘 원망만을 일삼다가 약속의 땅 가나안에 들어가지 못한 사람들입니다.

그러나 만나세대는 40년간 광야에서 하나님께서 제사장 나라에 직접 주신 법을 모세에게 배운 사람들입니다. 만나세대는 모세를 통해 교육받고 훈련받은 놀라운 세대였던 것입니다.

〈신명기〉는 만나세대들을 향한 모세의 만나학교 졸업 설교이자, 4편의 역사 특강입니다. 지난 40년간 광야에서 모세에게 교육받은 만나세대들에게 모세는 죽음을 앞두고 마지막 혼신의 힘을 다해 '하나님을 사랑하라.' 라고 가르침을 주었습니다.

모세가 말합니다. 지난 40년간 만나세대가 광야 생활을 하는 동안 하나님께서 하늘 문을 여시고 만나를 주셨으나, 때로는 만나세대를 낮추시며 주리게 하셨던 적이 있음을 기억하라고 말입니다.

그런데 그것은 하나님께서 만나세대에게 사람이 하나님의 입에서 나오는 말씀으로 살아야 한다는 것을 가르치시기 위함이었다고 말합니다.

하나님께서는 사람에게 음식이 얼마나 중요한지 잘 아시는 분이십니다. 그래서 풀 한 포기 나지 않고 농사도 지을 수 없는 광야에서 하늘 문을 여시고 하늘에서 만나를 내려주신 분이십니다. 그 하나님께서 때로 제사장 나라의 거룩한 백성들을 일부러 주리게 하시며 음식보다도 더 중요한 것이 하나님의 말씀이라는 사실을 교육하셨습니다.

예수님께서도 공생애를 앞두시고 40일 금식하신 후에 사탄이 돌로 떡을 만들어 먹으라고 시험했을 때에 바로 이 말씀을 가지고 사탄의 시험을 이기셨습니다. 그만큼 이 말씀은 중요한 말씀입니다.

"예수께서 대답하여 이르시되 기록되었으되
사람이 떡으로만 살 것이 아니요
하나님의 입으로부터 나오는
모든 말씀으로 살 것이라 하였느니라 하시니"(마 4:4).

사람은 떡으로만 사는 것이 아니라, 살아계신 하나님의 말씀으로 사는 존재입니다. 이것이 사람들을 향한 하나님의 마음입니다.

4

신앙계승

열방을 향한 하나님의 꿈이
'이어지는 기쁨'과 '끊어지는 슬픔'

Heart Training

"내가 모세와 함께 있었던 것 같이
너와 함께 있을 것임이니라
내가 너를 떠나지 아니하며 버리지 아니하리니
강하고 담대하라"(수 1:5-6).

"당신이 이 하녀를 위로하시고
마음을 기쁘게 하는 말씀을 하셨나이다"(룻 2:13).

"여호와께서 이스라엘의 곤고로 말미암아
마음에 근심하시니라"(삿 10:16).

모세의 뒤를 이어 이스라엘의 지도자가 된 여호수아가 요단 강을 건너면서 드디어 가나안 정복 전쟁을 이끌게 됩니다. 여호수아에게 지난 40년간의 광야 생활은 하나님의 사람 모세의 말에 순종하고 따르면 되는 삶이었습니다. 그런데 이제 모세가 없습니다. 그리고 큰 산 같았던 모세 없이 이스라엘 백성들을 이끌고 말 그대로 진짜 '전쟁'을 치러야 하는 것입니다. 그러니 여호수아가 두려울 수밖에 없었습니다.

그때 하나님께서 여호수아에게 나타나셔서 친히 말씀하셨습니다. 여호수아가 두려워하고 있다는 것을 하나님께서 알고 계시니, 두려워하지 말라고 말입니다.

그리고 하나님께서 모세와 함께하셨던 것처럼 여호수아와 함께하시겠다고 말씀하십니다. 여호수아가 얼마나 놀라고, 감사하고, 감격스러웠겠습니까.

모세와 함께하셨던 하나님께서 자신과 함께해주신다니 어떤 두려움도 가질 필요가 없는 것입니다.

그리고 전쟁을 앞둔 여호수아에게 하나님께서 전쟁에 이길

수 있는 최고의 전략과 전술을 주십니다. 그것은 다름이 아니고, 모세를 통해 하나님께서 말씀하신 5권의 책(창세기, 출애굽기, 레위기, 민수기, 신명기)을 입에 달고 살고, 밤낮으로 묵상하고, 그 말씀대로 행하라는 것입니다.

그러면 여호수아의 길이 평탄하고 형통하게 될 것이라고 말씀하십니다. 그러자 여호수아가 그 말씀을 믿고, 순종합니다. 그래서 5년간 31번의 전쟁을 모두 승리로 이끄는 기적을 체험하게 됩니다.

모세의 신앙이 여호수아에게 계승되었습니다. 모세가 제사장 나라의 거룩한 시민 1호였다면, 여호수아가 제사장 나라의 거룩한 시민 2호로 모세의 뒤를 따른 것입니다.

모세와 여호수아를 바라보시는 하나님의 마음이 참으로 기쁘셨을 것입니다.

여호수아와 만나세대들이 마침내 가나안 땅의 정복 전쟁을 마쳤습니다. 그러자 여호수아가 12지파에게 땅을 분배해주고, 가장 마지막에 자신도 땅을 분배받았습니다. 그 후 여호수아가 죽으면서 모세와 같은 유언을 남깁니다.

그러나 안타깝게도 약속의 땅 가나안에 살게 된 아브라함의 후손들은 광야에서 하나님과 맺은 제사장 나라 거룩한 시민의 언약을 잊어버리고 각자 자기 소견에 옳은 대로 살기 시작합니다. 그 세월이 자그마치 350여 년간이나 이어졌습니다. 그 시대를 〈사사 시대〉라고 말합니다. 이 시대를 바라보셨던 하나님의 마음은 안타까움 그 자체였습니다.

하지만 한편에서는 하나님의 마음을 조금이라도 시원하게 해드리는 사람도 있었습니다. 각자 자기 소견에 옳은 대로 살던 시대임에도 불구하고 베들레헴에서 묵묵하게 제사장 나라의 거룩한 시민의 삶을 보여주었던 라합의 후손 보아스가 바로 그 사람입니다.

고아와 과부와 나그네를 돌보는 제사장 나라의 '거룩'을 보아스가 자기 밭에서 실천하고 있었던 것입니다. 하나님께서는 기쁜 마음으로 보아스를 눈여겨보셨다가 그 가문에서 다윗을 출생하게 하십니다.

"너희가 너희의 땅에서 곡식을 거둘 때에
너는 밭 모퉁이까지 다 거두지 말고
네 떨어진 이삭도 줍지 말며
네 포도원의 열매를 다 따지 말며
네 포도원에 떨어진 열매도 줍지 말고
가난한 사람과 거류민을 위하여 버려두라
나는 너희의 하나님 여호와이니라"(레 19:9-10).

"룻이 이삭을 주우러 일어날 때에
보아스가 자기 소년들에게 명령하여 이르되
그에게 곡식 단 사이에서 줍게 하고 책망하지 말며
또 그를 위하여 곡식 다발에서 조금씩 뽑아 버려서
그에게 줍게 하고 꾸짖지 말라 하니라"(룻 2:15-16).

5

천년모범

다윗 마음의 꿈이 제국 건설이 아닌
천년모범 예루살렘 성전 건축

Heart Training

"여호와께서 왕과 함께 계시니
마음에 있는 모든 것을 행하소서"(삼하 7:3).

"다윗을 만나니 내 마음에 맞는 사람이라
내 뜻을 다 이루리라"(행 13:22).

세상에 어떤 것이 천년모범이 될 만한 것이 있겠습니까? 온 나라를 뒤흔들고, 심지어 전 세계를 뒤흔드는 유행도 얼마 정도 시간이 지나면 까맣게 잊히는 것이 인지상정(人之常情)인데 말입니다. 그런데 다윗은 1,000년 동안이나 효과가 지속되었던 '다윗의 길' 이라는 놀라운 모범을 남겼습니다.

그 비결은 다윗의 마음이 처음부터 끝까지 하나님께로만 향했기 때문이고, 모세가 남긴 5권의 책인 창세기, 출애굽기, 레위기, 민수기, 신명기를 입에 달고 살았고, 밤낮으로 묵상했으며, 그 말씀대로 행했기 때문입니다.

다윗은 사울 왕의 창끝과 칼끝을 피해 도망 다니다가 마침내 이스라엘의 왕이 됩니다. 그러자 이스라엘의 주변 국가인 베니게(페니키아)의 한 도시국가인 두로의 왕이 다윗 왕을 위해 그 나라의 특산품인 백향목과 목수와 석수를 보내주어 다윗의 왕궁을 지어줍니다. 그래서 다윗이 백향목으로 지은 좋은 집에서 평안을 누리게 됩니다. 그때 다윗이 생각한 것이 바로 '성전' 이었습니다.

자신은 좋은 백향목으로 지은 집에서 평안히 살고 있는데 하나님의 언약궤(증거궤)는 이곳저곳으로 옮겨 다니며 해달의 가죽에 덮여 있다는 사실이 너무나 송구하다는 생각을 했습니다.

그래서 다윗은 좋은 집을 지어 그곳에 하나님의 언약궤(증거궤)를 모셔두고 더 이상 언약궤(증거궤)가 이리저리 옮겨 다니지 않게 하는 것이 좋겠다는 도발적 상상을 하고, 그 생각을 나단 선지자에게 밝혔습니다.

하나님의 언약궤(증거궤)는 처음부터 이동을 염두에 두고 만들어졌기 때문에 언약궤(증거궤)를 위한 집을 지어 한곳에 모셔둔다는 것은 다윗 이전에는 아무도 생각하지 못했던 일이었습니다.

그래서 다윗의 생각이 도발적 상상이라는 것입니다. 다윗의 생각을 들은 나단 선지자도 크게 놀라며 다윗의 생각에 찬사를 보냈습니다. 그리고 그는 다윗에게 "하나님께서 왕과 함께 계시니 왕의 마음에 있는 그 귀한 제사장 나라 거룩한 시민의 일을 마음껏 행하십시오."라고 말했습니다.

다윗의 이 마음을 하나님께서 크게 기뻐하십니다. 그래서 하나님께서는 다윗에게 큰 선물을 주십니다. 다윗의 후손이 다윗의 뒤를 이어 계속해서 이스라엘의 왕이 될 것이라는 선물입니다. 사울 왕이 그토록 원했으나 할 수 없었던 일을 하나님께서 다윗에게는 주신 것입니다.

그리고 하나님께서 직접 다윗에게 하나님이 원하시는 성전의 설계도를 주시고, 다윗의 아들 솔로몬 때에 예루살렘 성전을 건축하게 하시며 '다윗의 길' 이 천년모범이 되게 하셨습니다. 또한 하나님께서는 '다윗은 내 마음에 합한 자' 라고 말씀하시며 최고의 마음 표현을 하셨습니다.

하나님과 마음이 통하고 하나님의 마음에 합한 자가 되는 길은 천년모범 '다윗의 길' 로 가는 것입니다.

6

마음과 지혜

솔로몬의 모든 지혜, 부귀가
하나님이 주신 마음에서 시작됨

Heart Training

"하나님이 솔로몬에게 넓은 마음을 주시되
바닷가의 모래 같이 하시니"(왕상 4:29).

"솔로몬의 나이가 많을 때에
그의 여인들이 그의 마음을 돌려
다른 신들을 따르게 하였으므로
왕의 마음이 그의 아버지 다윗의 마음과 같지 아니하여
그의 하나님 여호와 앞에 온전하지 못하였으니"(왕상 11:4).

어리석음도 마음에서 나오고, 지혜도 마음에서 나옵니다. 하나님께서 다윗의 아들 솔로몬의 마음에 지혜를 주셨는데 얼마나 많이 주셨는지 바닷가의 모래처럼 주셨다고 성경에 기록되어 있습니다. 솔로몬은 약관 20세에 이스라엘의 왕이 된 사람입니다. 20세라는 나이는 청소년에서 갓 청년에 입문하는 때입니다.

그 나이에 나라를 통치하는 왕의 직책을 감당한다는 것은 사실 거의 불가능한 일이라 할 수 있습니다. 그런데 어쨌든 솔로몬은 이스라엘의 왕이었고, 그의 나이는 겨우 20세인 것이 현실이었습니다.

우려와 기대를 한 몸에 받으면서 왕이 된 솔로몬에게 위기이자 기회가 찾아옵니다. 3,000년이 지난 지금도 〈솔로몬의 재판〉이라는 이야기로 널리 알려진 바로 그 재판입니다. 아이는 한 명인데 그 아이의 어머니라고 주장하는 여인은 두 명인 그런 사건입니다. 솔로몬의 판결은 칼을 가지고 와서 그 아이를 둘로 공평하게(?) 나누어주라는 것이었습니다.

아마 그 자리에 있었던 사람들은 다들 놀라 자빠졌을 것입니다. 아무리 20세의 어린 왕이라고 하지만 그런 황당한 판결이 세상에 또 어디 있겠습니까.

그런데 놀랍게도 그 판결이 '명 판결'이었습니다. 솔로몬의 판결은 어린 나이에 공연히 부리는 호기인 객기가 아닌, 아이 생모의 마음을 정확하게 뚫어본 소름끼치는 심리적 결정이었습니다. 가짜 어머니는 아이를 둘로 나누어주는 것이 공평하다고 했지만, 아이의 진짜 어머니는 차라리 아이를 포기하는 한이 있더라도 아이의 생명을 지키고자 했기 때문입니다. 이 재판으로 말미암아 솔로몬은 역시 다윗의 아들이라는 최고의 찬사를 듣게 됩니다.

그리고 솔로몬은 이스라엘의 왕으로 조금도 부족함이 없다는 평가를 온 나라 사람들에게 받게 됩니다. 이렇게 놀라운 지혜를 하나님께서 솔로몬에게 주셨던 것입니다.

솔로몬의 통치 전반기에는 솔로몬의 마음이 하나님께로 향해 있었습니다. 그런데 솔로몬의 후반기에는 그의 마음이 하나님으로부터 떠나 이방 여인들에게로 향해 있었습니다. 그러자 솔로몬의 지혜도 사라지고, 하나님도 마음 아파하십니다.

하나님께서는 두 번이나 솔로몬에게 마음을 돌이키라고 말씀하셨습니다.

"솔로몬이 마음을 돌려 이스라엘의 하나님 여호와를 떠나므로 여호와께서 그에게 진노하시니라 여호와께서 일찍이 두 번이나 그에게 나타나시고 이 일에 대하여 명령하사 다른 신을 따르지 말라 하셨으나
그가 여호와의 명령을 지키지 않았으므로 여호와께서 솔로몬에게 말씀하시되
네게 이러한 일이 있었고 또 네가 내 언약과 내가 네게 명령한 법도를 지키지 아니하였으니 내가 반드시 이 나라를 네게서 빼앗아 네 신하에게 주리라"(왕상 11:9-11).

그런데 안타깝게도 솔로몬은 하나님의 그 마음을 헤아리지 못했습니다.

성경은 솔로몬의 마음이 그의 아버지 다윗의 마음과 같지 않았다고 기록하고 있습니다. 마음이 이렇게 중요합니다. 마음이 어디로 향하는가에 따라 인생이 달라지기 때문입니다. 솔

로몬의 아버지 다윗은 청소년 시절이나, 사울 왕 칼끝을 피해 도망하던 시절이나, 왕이 된 후에도 끝까지 그 마음이 하나님께 향했었습니다. 그러기 위해 모세가 쓴 5권의 책을 늘 가까이 했던 것입니다.

그런데 솔로몬은 처음에는 그의 마음이 하나님께로 향했으나, 나중에는 그의 마음이 하나님으로부터 떠나버렸습니다. 그래서 솔로몬은 노년에 뼈아픈 반성을 해야 했습니다. 마음이 하나님께로 향하는 것과, 마음이 하나님을 떠나는 것은 하늘과 땅처럼 큰 차이가 있습니다.

하나님을 향한 마음은 하나님의 말씀을 가까이해야만 지킬 수 있습니다.

7

사랑의 줄 사명의 줄

200년간 고멜 같은 북이스라엘을 바라보시며
긍휼을 다짐하시는 하나님의 사랑의 줄 사명의 줄

Heart Training

"내 마음이 내 속에서 돌이키어
나의 긍휼이 온전히 불붙듯 하도다"(호 11:8).

다윗 시대에는 왕이 직접 앞장서서 제사장 나라의 사명을 감당했습니다. 그러나 다윗의 뒤를 이은 솔로몬 왕의 집권 후반기 때부터 이스라엘은 제사장 나라보다는 여타 나라들이 실시하는 왕정의 폐해를 고스란히 드러내는 나라가 되어가기 시작했습니다.

그래서 하나님께서는 결국 이스라엘을 한 민족 두 국가가 되게 하셨습니다. 솔로몬 왕이 죽고 이스라엘은 북이스라엘과 남유다로 나뉘었습니다.

그럼에도 불구하고 하나님께서는 북이스라엘의 10지파 사람들도 1년에 3차례, 유월절과 오순절과 초막절에는 제사장 나라의 법에 따라 반드시 남유다에 속한 예루살렘 성전을 방문하기를 원하셨습니다.

그런데 북이스라엘의 왕 여로보암이 자기 마음대로 북이스라엘의 단과 벧엘에 금송아지 신상을 만들어놓고 예루살렘 성전에 가지 않아도 된다는 당황스러운 법을 만들었습니다. 그리고 레위 지파가 아닌 사람들도 제사장이 되게 하고, 이스라엘의 3대 명절을 다른 명절로 새로 정하여 제사장 나라와는 전혀 다른 길을 만들었습니다.

하나님께서 여로보암의 이 일에 대해 매우 마음 아파하시며 이 길은 '다윗의 길'과 다른 '여로보암의 길'이라고 말씀하시고 선지자들을 보내셔서 '여로보암의 길'로 가지 말라고 강력한 경고의 말씀을 하셨습니다.

그러나 한 민족 두 국가가 된 200년의 분단 세월 동안 북이스라엘의 19명의 왕들은 하나같이 여로보암의 길로 달려갔습니다. 결국 하나님께서는 북이스라엘의 문을 닫게 하셨습니다. 앗수르를 하나님의 몽둥이로 사용하셔서 북이스라엘을 처벌하셨습니다. 그래서 북이스라엘 10지파 사람들이 혼혈족 '사마리아인'이 된 것입니다.

하나님께서는 북이스라엘을 처벌하시면서 하나님의 사람 호세아 선지자를 통해 하나님의 마음을 표현하셨습니다. 용서받을 수 없는 죄로 북이스라엘은 처벌받는 것이 마땅하지만 사랑의 하나님께서 당신 마음으로부터 긍휼이 불붙듯 일어나 도리어 하나님의 맹렬한 노를 하나님 스스로에게 돌리신다고 말입니다.

이는 다시 말해 북이스라엘이 그들의 죄로 말미암아 진멸되어야 하지만 하나님의 긍휼하심으로 하나님이 스스로 처벌받으시고 북이스라엘의 죄를 결국은 용서하시겠다는 것입니다. 이것은 예수님 오시기 800년 전에 이미 호세아 선지자를 통해 예수님께서 사람들의 죄를 대신해 십자가를 지실 것임을 예언하게 하신 것입니다.

그리고 하나님께서는 호세아 선지자의 동시대에 이사야 선지자를 통해 예수님께서 어떻게 고난 받으실 것인지를 말씀하셨고(사 52:13-53:6), 미가 선지자를 통해 그 예수님께서 베들레헴에서 태어나실 것을 예언하게 하셨습니다(미 5:2).

사명의 줄을 놓아버린 북이스라엘을 바라보시지만 하나님께서는 끝내 사랑의 줄을 놓지 않으십니다.

8

절망 앞에 선 희망

성전이 불타는 절망 앞에서, 오히려 하나님의 본심이 새 언약,
마음 언약이라고 외치는 예레미야의 희망 선언

Heart Training

"주께서 인생으로 고생하게 하시며 근심하게 하심은 본심이 아니시로다"(애 3:33).

아브라함의 후손들인 이스라엘은 한 민족 두 국가로 200년 세월을 보내다가 북이스라엘이 먼저 앗수르 제국에 의해 나라의 문을 닫았습니다. 그래서 북이스라엘은 혼혈족 사마리아인이 되어 예수님 오실 때까지 자그마치 800년 세월을 멸시당하며 살아갑니다.

북이스라엘이 앗수르 제국에 의해 나라의 문을 닫는 것을 지켜본 남유다가 그때부터라도 회개하고 '다윗의 길'로 나아갔으면 참 좋았을 것입니다. 하나님께서 북이스라엘 나라의 문을 닫게 하시고도 남유다에게 150년의 유예기간을 더 주시며 기회를 주셨기 때문입니다.

그런데 하나님께서 남유다에 여러 선지자들을 보내시며 하나님께로 다시 돌아와 제사장 나라로서의 사명을 감당하라고 요청하셨음에도 불구하고 남유다는 끝내 하나님의 말씀에 귀를 기울이지 않았습니다.

그러자 하나님께서 남유다를 바벨론 제국의 손에 붙이셔서 남유다의 나라의 문을 70년간 닫기로 결정하십니다. 그동안 남유다 백성들은 예루살렘을 비우고 바벨론에 포로로 끌려가 있어야 했습니다.

바벨론으로의 70년 포로 생활은 첫째, 남유다 사람들의 죄에 대한 하나님의 징계였습니다.

둘째, 지난 900여 년간 그들이 제대로 지키지 않은 안식일과 안식년과 희년을 하나님께서 계수하신 기간으로 예루살렘 땅을 안식하게 하고자 하신 하나님의 뜻이었습니다.

셋째, 남유다 백성들에 대한 제사장 나라의 재교육 기간이었습니다. 과거 광야에서 이스라엘 백성들이 제사장 나라를 40년간 교육받았다면, 이번 70년은 제사장 나라를 재교육 받는 기간인 것입니다.

하나님께서는 예레미야 선지자를 통해 남유다 사람들에게 바벨론에 순순히 항복하고, 바벨론 포로로 끌려가라고 말씀하셨습니다.

그러면 남유다의 왕과 모든 백성들이 살 수 있고, 예루살렘 성전도 불타지 않을 것이고, 예루살렘 성과 예루살렘 성안의 집들도 불타지 않을 것이라고 말씀하셨습니다. 그러나 그들은 끝내 예레미야 선지자를 통한 하나님의 말씀을 거부했습니다.

18개월간 예루살렘 성을 포위하면서 항복을 요구했던 바벨론이 마침내 예루살렘 성을 함락시킵니다. 성난 바벨론 군인들은 예루살렘 성전을 부수고 불태우고, 예루살렘 성 또한 모두 부숴버리고, 성안에서 버티던 남자들은 모조리 살육하고, 여자들을 폭행하고, 아이들은 고아로 만들고, 집들까지 모두 불살라버립니다.

그 모습을 지켜보며 예레미야가 간이 땅에 쏟아지는 고통으로 밤새 웁니다. 그런데 밤새 울다가 놀랍게도 새벽녘에 예레미야가 다시 소망을 노래하기 시작합니다.

예레미야가 성전이 불타는 절망 앞에서 하나님의 본심이 새 언약 즉, 마음 언약이라는 사실을 깨달았기 때문입니다. 그리고 바벨론으로 끌려가 있는 포로들이 바벨론에 살아남아 있음에 감사했습니다. 하나님께서 그들과 새 언약을 맺으실 것이고, 그래서 그들이 희망인 것입니다.

"여호와의 말씀이니라 보라 날이 이르리니 내가 이스라엘 집과 유다 집에 새 언약을 맺으리라.
이 언약은 내가 그들의 조상들의 손을 잡고 애굽 땅에서 인도

하여 내던 날에 맺은 것과 같지 아니할 것은 내가 그들의 남편이 되었어도 그들이 내 언약을 깨뜨렸음이라 여호와의 말씀이니라.
그러나 그 날 후에 내가 이스라엘 집과 맺을 언약은 이러하니 곧 내가 나의 법을 그들의 속에 두며 그들의 마음에 기록하여 나는 그들의 하나님이 되고 그들은 내 백성이 될 것이라 여호와의 말씀이니라"(렘 31:31-33).

이 놀라운 사랑이 하나님의 마음이라는 사실을 깨달은 예레미야는 소망을 노래할 수 있었습니다.

"이것을 내가 내 마음에 담아 두었더니
그것이 오히려 나의 소망이 되었사옴은
여호와의 인자와 긍휼이 무궁하시므로
우리가 진멸되지 아니함이니이다
이것들이 아침마다 새로우니
주의 성실하심이 크시도소이다"(애 3:21-23).

9

징계, 희망의 디딤돌

바벨론 포로 70년의 징계가 희망의 디딤돌이라고
설득하는 에스겔의 외침

Heart Training

"나는 악인이 죽는 것을 기뻐하지 아니하고
악인이 그의 길에서 돌이켜 떠나 사는 것을 기뻐하노라"
(겔 33:11).

"새 마음을 너희에게 주되 너희 육신에서
굳은 마음을 제거하고 부드러운 마음을 줄 것이며"
(겔 36:26).

예레미야 선지자의 눈물과 느헤미야 총독 시대의 예루살렘에서의 큰 웃음 사이에는 150년의 '시간'이 들어 있습니다. 그 기간 동안 남유다 사람들은 70년간 바벨론에서 포로 생활을 했고, 바벨론 제국이 페르시아 제국에게 멸망했고, 페르시아 제국에 의해 바벨론으로 끌려갔던 남유다 사람들의 포로 귀환이 이루어지고 있었습니다.

〈징계, 희망의 디딤돌〉은 예레미야와 느헤미야 사이에 바벨론 포로 70년 동안 포로로 함께 끌려가 있었던 하나님의 사람 에스겔이 그 주인공입니다.

에스겔 선지자는 2차 바벨론 포로로 끌려가 있었습니다. 당시 2차 바벨론 포로들 가운데에는 에스겔을 비롯한 1만 명의 월등한 남유다의 기술자들과 그들의 왕 여호야긴까지 포함되어 있었습니다.

그들은 바벨론의 그발 강가에서 바벨론이 시키는 노역을 감당했는데 그들에게 하나님의 뜻을 전하는 것이 에스겔의 사명이었습니다.

바벨론으로 끌려간 남유다 사람들은 처음에는 바벨론에서 하나님의 뜻을 전하는 에스겔 선지자의 말을 들으려고 하지 않았습니다. 그들이 하나님에 대해 너무나 크게 오해하고 있었기 때문입니다.

그들 생각에는 하나님께서 힘이 없어서 자기들을 바벨론 제국으로부터 지켜주지 못하셨고, 또한 자신들은 잘못도 없는데 조상들의 죄로 인해 억울하게 벌을 받는다고 착각하고 있었던 것입니다.

그들의 잘못된 생각을 교정해주기 위해 에스겔은 혼신의 힘을 다했습니다. 예루살렘에서는 예레미야가 바벨론으로 편지를 보내 에스겔의 사역을 측면에서 도왔습니다.

하나님께서는 에스겔을 통해 바벨론으로 끌려가 있는 남유다 사람들에게 하나님의 마음을 드러내셨습니다. 죄에 대한 값은 사망이기 때문에 공의의 하나님 앞에서 죄지은 죄인들은 죽는 것이 당연합니다.

그러나 하나님께서는 악인들이 죽는 것을 기뻐하시는 것이 아니라, 그들이 그 길에서 돌이켜 하나님께로 돌아오는 것을 기뻐하십니다. 이것이 에스겔 선지자를 통해 하나님께서 말씀하신 하나님의 마음입니다.

우리의 마음과는 너무나도 다른 마음입니다. 우리는 우리에게 조금이라도 잘못한 사람들은 처벌받는 것이 당연하고, 처벌받지 않는다는 것에 대해 분노하기까지 합니다. 그러나 하나님의 마음은 악인이 죄의 길에서 돌이키는 것을 기뻐하시는 것입니다.

에스겔 선지자를 통해 하나님의 이 마음을 듣고 바벨론으로 끌려간 포로들이 마음을 돌이킵니다. 그들은 바벨론 포로 70년 기간을 하나님의 뜻대로 〈징계, 희망의 디딤돌〉로 잘 받아들이고, 그 시간을 제사장 나라 재교육의 시간으로 보냅니다.

하나님의 마음이 그들의 희망이 된 것입니다.

"내가 그들과 화평의 언약을 세워서 영원한 언약이 되게 하고 또 그들을 견고하고 번성하게 하며 내 성소를 그 가운데에 세워서 영원히 이르게 하리니.
내 처소가 그들 가운데에 있을 것이며 나는 그들의 하나님이 되고 그들은 내 백성이 되리라.
내 성소가 영원토록 그들 가운데에 있으리니 내가 이스라엘을 거룩하게 하는 여호와인 줄을 열국이 알리라 하셨다 하라"
(겔 37:26-28).

10

재건 공동체

만나세대에 이어 '재건 공동체'의 찬양소리를
크게 즐거워하시는 하나님의 마음

Heart Training

"이 날에 무리가 큰 제사를 드리고 심히 즐거워하였으니
이는 하나님이 크게 즐거워하게 하셨음이라
부녀와 어린 아이도 즐거워하였으므로
예루살렘이 즐거워하는 소리가 멀리 들렸느니라"(느 12:43).

예레미야 이후 150년 만에 드디어 3차 포로 귀환의 지도자이자 페르시아 제국이 예루살렘에 파견한 총독 느헤미야에 의해 예루살렘에 웃음꽃이 피었습니다. 바벨론 군인들에 의해 무참히 짓밟혔던 예루살렘에 성전이 재건되었고, 이제 느헤미야에 의해 성벽까지 재건되었습니다.

그래서 사회적 약자들인 여자와 어린아이들이 안전하게 예루살렘 성안에서 살 수 있게 된 것입니다.

불타버린 예루살렘 성전을 바라보며 예레미야가 밤새워 울다가 새벽녘에 깨달았던 그 〈절망 앞에 선 희망〉이 150년 만에 마침내 이루어진 것입니다. 바벨론 포로 기간은 하나님께서 말씀하신 대로 재앙이 아닌 평안이요 소망이었습니다.

바벨론에서 70년간 포로 생활을 하면서 제사장 나라를 재교육받은 남유다 사람들이 예루살렘으로 귀환해 드디어 하나님의 뜻대로 살려고 몸부림을 치고 있었습니다. 느헤미야는 예루살렘 성벽 공사를 마무리하자마자, 학사 에스라를 모시고 온 백성들을 모아 초막절을 지켰습니다.

일주일간 벽이 있는 편안한 집에서 나와 텐트 속에서 아버지와 아들이 모세5경을 함께 읽으며 출애굽하게 해주신 하나님을 기억하는 것이 초막절입니다.

그런데 느헤미야 때에는 에스라가 모든 백성들 앞에서 〈모세

5경〉을 읽고, 그 뜻을 풀이해주는 성경통독집회 형식으로 초막절을 지켰습니다. 그랬더니 온 백성들이 하나님의 마음을 헤아리게 되고 다 울었습니다. 하나님의 말씀이 없음으로 인해 굳어 있었던 그들의 마음이 하나님의 말씀으로 눈이 녹듯 녹게 된 것입니다.

계시의 말씀인 성경 즉, 기록된 하나님의 말씀을 읽으면 그 말씀을 통해 하나님의 마음을 알게 되고, 그러면 사랑의 하나님 앞에 무릎 꿇을 수밖에 없습니다.

전쟁을 목전에 두었던 여호수아도 하나님께서 모세를 통해 주신 율법책인 〈모세5경〉을 주야로 읽으며 전쟁에서 승리했습니다. 다윗도 평생 〈모세5경〉을 손에서 놓지 않았습니다. 그리고 다윗은 그의 아들 솔로몬에게 유언으로 하나님께서 모세를 통해 주신 율법책인 〈모세5경〉을 읽고, 그 말씀을 지키라고 말했습니다.

그러면 무엇을 하든지, 어디로 가든지 형통할 것이라는 하나님의 말씀을 가르쳐주었습니다. 하나님의 말씀은 이처럼 전쟁을 앞둔 장수에게도, 나라를 다스리는 왕에게도, 더 나아가 세상의 모든 사람들에게 늘 주야로 묵상하고 그 말씀대로 행해야 하는, 음식보다도 중요한 것입니다.

북이스라엘과 남유다가 각각 앗수르와 바벨론에게 나라를 잃었던 이유는 그들이 하나님의 말씀을 읽지 않고, 지키지 않았기 때문입니다.

그런데 예레미야 이후 150년 만에 남유다 사람들이 70년간 제사장 나라 재교육을 받고 다시 제사장 나라의 거룩한 시민을 꿈꾸게 되었습니다. 그들이 재건 공동체이고, 이 일에 하나님의 사람 느헤미야가 쓰임 받았던 것입니다.

하나님께서 오랜만에 기쁜 마음을 감추지 못하셨을 것입니다.

재건 공동체가 성전을 건축하고 봉헌하며 무교절을 지켰을 때, 그리고 느헤미야 때 성벽을 재건하고 봉헌할 때, 예루살렘 성전과 성벽이 무너지고 슬픔의 소리가 있은 지 150년 만에 하나님께서는 그들에게 기쁨을 주셨고 그들로 기뻐하게 하셨습니다.

"즐거움으로 이레 동안 무교절을 지켰으니
이는 여호와께서 그들을 즐겁게 하시고
또 앗수르 왕의 마음을 그들에게로 돌려
이스라엘의 하나님이신 하나님의 성전 건축하는 손을
힘 있게 하도록 하셨음이었더라"(스 6:22).

"이 날에 무리가 큰 제사를 드리고 심히 즐거워하였으니
이는 하나님이 크게 즐거워하게 하셨음이라
부녀와 어린 아이도 즐거워하였으므로
예루살렘이 즐거워하는 소리가 멀리 들렸느니라"
(느 12:43).

11

'어떻게' 와 '이렇게' 사이

"어떻게 사랑하셨나이까?" 에 대한
하나님의 대답 "세상을 이처럼 사랑하사"

Heart Training

"그가 아버지의 마음을 자녀에게로 돌이키게 하고
자녀들의 마음을 그들의 아버지에게로 돌이키게 하리라"
(말 4:6).

아브라함과 '모든 민족'을 위한 언약을 맺으신 이래로 1,500년간 하나님의 사랑은 변함이 없으셨습니다.

심지어 북이스라엘을 멸망시키는 와중에서도 하나님께서는 북이스라엘 백성들에 대해 "내 마음이 내 속에서 돌이키어 나의 긍휼이 온전히 불붙듯 하도다."라며 끝까지 긍휼을 말씀하셨고, 남유다 백성들을 바벨론 포로로 보내시는 가운데에도 "나는 악인이 죽는 것을 기뻐하지 아니하고 악인이 그의 길에서 돌이켜 사는 것을 기뻐하노라."라고 말씀하실 정도였습니다.

그런데 재건 공동체가 불타버렸던 예루살렘 성전과 성벽을 재건하며 하나님 앞에 제사장 나라의 거룩한 시민으로 잠시 살아가더니 안타깝게도 또다시 하나님의 마음을 아프게 하기 시작했습니다.

마음이 빠져버린 형식주의가 그들의 문제였던 것입니다. 바벨론에서 돌아온 귀환 공동체는 더 이상 우상을 섬긴다든가 안식일을 지키지 않는다든가 하는 죄는 짓지 않았지만, 하나님께 드리는 제사에서 진정한 마음이 빠져나가고 말았습니다.

그래서 하나님께 제사를 드리면서 병들고 약한 양들을 골라 형식만 갖춘 제사를 드리고, 온 마음을 다해 하나님을 섬기는 일에는 관심조차 두지 않았던 것입니다. 그러자 하나님께서 말라기 선지자를 통해 재건 공동체를 질타하셨습니다.

그런데 재건 공동체는 오히려 "주께서 우리를 어떻게 사랑하셨나이까?"라고 되물으며 자기들은 하나님께 사랑을 받은 기억조차 없다고 말하며 마음이 빠져버린 형식주의에 대해 뉘우치려는 기미조차 보이지 않았습니다.

그러자 하나님께서 400년간 침묵하십니다. 더 이상 선지자들을 보내지 않으신 것입니다. 그 기간이 말라기와 마태복음 사이의 〈신구약 중간사〉 400년입니다.

그 기간 동안 페르시아 제국이 멸망하고 헬라 제국이 등장했으며, 헬라 제국도 멸망하고, 로마 제국이 등장했습니다. 재건 공동체 또한 페르시아 제국에 이어 헬라 제국의 지배를 받다가, 이어서 로마 제국의 지배를 받고 있었습니다.

400년간의 하나님의 침묵은 하나님께서 보내신 마지막 선지자 세례 요한에 의해 마침내 끝이 납니다. 하나님께서 말라기 선지자를 통해 보내겠다고 말씀하신 엘리야 선지자는 바로 세례 요한이었습니다. 세례 요한의 첫 일성(一聲)은 "회개하라 천국이 가까이 왔다."였습니다.

곧 메시아가 오셔서 제사장 나라를 종료하고 하나님 나라를 시작하실 것이니 속히 회개하고 하나님 나라를 맞이할 준비를 하라는 외침이었습니다.

"주께서 우리를 어떻게 사랑하셨나이까?"에 대한 하나님의 답은 "하나님이 세상을 이처럼 사랑하사 독생자를 주셨으니 누구든지 예수 믿으면 멸망하지 않고 영생을 얻으리로다."였던 것입니다.

아들을 보내시기까지 이렇게 사랑하시는 마음이 하나님의 마음이었습니다.

12

기쁨을 위한 탄생

양 틈에 자던 베들레헴 목자들에게까지
'영광의 기쁨' 을 알리시면서 이 땅에 오신 하나님의 아들

Heart Training

"주의 영광이 그들을 두루 비추매
크게 무서워하는지라"(눅 2:9).

"보라 내가 온 백성에게 미칠 큰 기쁨의 좋은 소식을
너희에게 전하노라"(눅 2:10).

"하늘로부터 소리가 있어 말씀하시되
이는 내 사랑하는 아들이요 내 기뻐하는 자라"(마 3:17).

주 예수 그리스도께서 이 땅에 오심은 하나님께는 영광이고
땅에는 평화입니다.

예수님은 유대 땅 베들레헴의 구유에 오셨으나, 예수님의 탄생은 주의 영광이 온 세상에 두루 비치게 하는 일이었습니다. 예수님의 베들레헴 탄생은 예수님 나시기 이전 800년 전에 이미 미가 선지자를 통해 하나님께서 말씀하신 내용입니다.

그리고 당시 로마의 초대 황제 가이사 아구스도가 온 로마 제국 사람들에게 호적하게 함으로 예수님의 육신의 부모인 요셉과 마리아는 베들레헴에 반드시 가야 했고, 이로 인해 아기 예수님께서 베들레헴에서 탄생하시게 되었습니다.

평소에는 도시에 사람들이 많지만, 명절에는 시골 고향에 사람들이 가득합니다. 마치 명절처럼 로마 황제의 명령으로 온 로마 제국 전역의 사람들이 한꺼번에 호적을 위해 고향을 방문했기 때문에 시골 마을 베들레헴도 평소와 달리 사람들이 한꺼번에 많이 모였을 것입니다.

모든 여관이 손님들로 꽉 들어찼고, 해산을 코앞에 둔 산모라 할지라도 들어갈 여관이 없었습니다. 그래서 할 수 없이 요셉과 마리아는 마구간 같은 곳이라도 찾아들어 가야 했습니다.

그와 같은 사정으로 아기 예수님은 베들레헴 마구간 같은 곳에서 탄생하신 것이고, 아기를 누일 곳이 없어서 구유에 아기 예수님을 뉘였던 것입니다.

그런데 그 시간 비나 바람을 피할 지붕도 없는 야외에서 양들과 함께 양 틈에 기대어 자는 목자들이 있었습니다. 그들에게 주의 영광이 두루 비친 것입니다.

목자들은 영광이라는 말과는 거리가 먼 사람들입니다. 밤에 집에서조차 자지 못하고 양들 사이에 몸을 기대어 한밤의 추위를 겨우 모면하며 살고 있었던 사람들이기 때문입니다.

그런데 하나님께서 그들에게 주의 영광을 두루 비추셨습니다. 덕분에 베들레헴의 가난한 목자들이 아기 예수님을 뵙고 경배할 수 있었습니다.

그리고 동방으로부터 온 박사들이 베들레헴까지 아기 예수님을 찾아와 경배하고 예물을 드렸습니다. 예수님의 탄생을 진심으로 기대하고 또 기뻐했기 때문입니다.

하나님께서는 하늘 문을 여시고 예수님에 대한 사랑을 감추지 않고 표현하신 적이 여러 번 있으셨습니다. 예수님께서 요단 강에서 세례 요한에게 세례를 받으시고 물에서 올라오시자 하나님께서 하늘로부터 "이는 내 사랑하는 아들이요 내 기뻐하는 자라."라고 말씀하셨습니다.

그리고 변화산상에서 하나님께서는 또다시 "이는 내 사랑하는 아들이요 내 기뻐하는 자니 너희는 저의 말을 들으라."라고 말씀하셨습니다. 그만큼 예수님은 하나님의 큰 사랑이며 하나님의 큰 기쁨인 분이십니다.

하나님께서는 그 귀한 독생자 아들을 우리를 위해 내어주셨습니다. 그러니 예수 그리스도께서 이 땅에 오심은 우리에게는 기쁨을 위한 탄생인 것입니다.

예수님의 제자 요한은 노년에 성령이 충만하여 요한 서신을 저술하면서 하나님에 대해 깊이 생각해보고 결국 한마디로 “하나님은 사랑이시다.”라고 정의했습니다.

하나님을 알면 알수록 하나님은 사랑이심을 깨닫게 되기 때문입니다.

13

한 영혼 사랑

상한 갈대 같은 거라사 광인,
꺼져가는 등불 같은 나사로의 한 영혼을 천하보다 소중히 여기시기 위해
땀과 눈물 흘리시는 예수님 마음

Heart Training

"너를 불쌍히 여기신 것을 네 가족에게 알리라"(막 5:19).

"심령에 비통히 여기시고 불쌍히 여기사 이르시되
그를 어디 두었느냐"(요 11:33).

"나는 마음이 온유하고 겸손하니
나의 멍에를 메고 내게 배우라
그리하면 너희 마음이 쉼을 얻으리니"(마 11:29).

우리는 우리가 살고 있는 곳의 땅 한 평 정도의 값은 좀 알지만, 천하의 값은 상상도 못합니다. 작은 것은 알고 작은 것에 연연하지만 정작 큰 것은 잘 알지 못하기 때문입니다.

그런데 예수님께서는 온 천하를 아시고, 천하의 값을 아는 분이십니다. 그분께서 한 영혼이 천하보다 귀하다고 말씀하셨습니다. 한 영혼이 얼마나 귀하기에 예수님께서 천하와 비교하시고, 서슴없이 한 생명이 천하보다 귀하다고까지 말씀하셨겠습니까.

예수님께서는 상한 갈대도 꺾지 않으시고, 꺼져가는 등불도 끄지 않으시며 사회에서 정식 일원으로조차 받아들이기를 꺼려하는 연약한 영혼들까지도 귀히 여기셨습니다.

그렇게 예수님께서는 한 영혼 사랑하는 일에 모범을 보이셨고, 우리에게도 그렇게 하라고 가르쳐주셨습니다.

예수님께서 사람들에게 천국 즉, 하나님 나라를 가르쳐주시고 그 나라를 소망하게 하자 수많은 사람들이 예수님을 따르고 예수님의 말씀을 들으려고 모여들었습니다.

어린아이들과 여자, 노인을 제외한 장정 숫자만 해도 약 5,000명씩이나 예수님께 모여들어 3일 동안 집에 돌아가지 않고 예수님의 말씀을 듣고 또 들었습니다.

그리고 예수님께서는 병든 사람들을 불쌍히 여기시며 그들을 고쳐주시느라 식사할 겨를도 없으셨습니다. 그 와중에도 예수님께서는 시간을 내서 한적한 곳을 찾으셔서 그곳에서 하나님께 기도하는 일을 열심히 하셨습니다.

그렇게 눈코 뜰 새 없이 바쁘신 예수님께서 어느 날 밤에 제자들에게 함께 호수를 건너가자고 말씀하셨습니다. 그래서 밤에 제자들이 노를 젓고 예수님께서는 그 시간 동안 잠시 눈을 붙이셨습니다.

그런데 큰 풍랑이 일어 배가 뒤집힐 것 같은 사태가 벌어졌습니다. 그럼에도 불구하고 예수님께서는 깊이 주무시고 계셨습니다. 얼마나 피곤하시면 그 폭풍 가운데 잠이 드셨겠습니까.

제자들이 잠들어 계신 예수님을 깨우자 예수님께서 일어나셔서 풍랑을 잠재우시고 곧바로 거라사 지방으로 가셨습니다. 예수님께서는 귀신 들려 쇠사슬에 묵힌 채 그곳 무덤가에 살고 있는 광인을 고쳐주고 싶으셨던 것입니다.

그 피곤을 무릅쓰고 한 영혼을 구하기 위해 그 밤에 12제자를 동원하고, 돼지 2,000마리의 값을 지불하면서까지 한 영혼을 구하셨습니다. 제정신을 차린 거라사 광인이었던 사람이 예수님을 따르겠다고 하자 예수님께서는 그를 가족의 품으로 보내십니다. 거라사 광인을 무덤가에 놔두어야만 했던 가족들의 고통과 다시 회복된 그를 보고 기뻐할 가족의 마음을 헤아리셨기 때문입니다.

또한 예수님께서는 죽은 나사로를 찾아가셔서 그 시신을 어디에 두었느냐고 가슴 아파하며 물으시고 그를 살리기도 하셨습니다. 이렇게 4복음서에는 예수님의 한 영혼 사랑이 가득합니다.

이 예수님의 마음을 본받는 것이 예수님의 제자이고, 예수님을 마음에 모시고 사는 사람이 진정한 그리스도인입니다.

14

용서를 향한 열정

십자가 밑에서 당신을 조롱하는 자들까지도 품으시는
용서를 향한 하나님의 열정

Heart Training

"내 마음이 매우 고민하여 죽게 되었으니
너희는 여기 머물러 나와 함께 깨어 있으라"(마 26:38).

"아버지 저들을 사하여 주옵소서
자기들이 하는 것을 알지 못함이니이다"(눅 23:34).

열정은 어떤 일에 열렬한 애정을 가지고 열중하는 마음을 일컫습니다. 그런데 예수님께서는 다른 어떤 일이 아닌 용서를 향한 일에 열정을 뿜으셨습니다. 복수를 위한 열정으로 일평생을 바친 인간들의 이야기들은 간혹 있지만, 누군가를 용서하기 위한 열정이라는 것은 사실 사람들에게는 '듣보잡' 입니다. 어떻게 누군가를 용서하기 위해 열정까지 뿜어낼 수가 있겠습니까.

하나님의 독생자 예수 그리스도께서 이 땅에 오신 것은 세상 모든 사람들의 죄를 대신해 십자가 위에서 하나님의 어린양으로 죽임을 당하심으로 처벌받으시고, 그로 인해 하나님과 사람 사이에 죄로 인해 막혔던 담을 허무시기 위해서였습니다.

이것이 하나님 아버지를 위한 독생자 예수 그리스도의 '하나님의 뜻이 하늘에서와 같이 땅에서도 이루어지기를 기도하는' 순종이고, 하나님의 형상을 닮은 사람들을 사랑하고 용서하는 열정입니다.

그런데 안타깝게도 예수님께 용서받지 못한 부류의 사람들도 있었습니다. 하나님의 독생자이신 성자 예수님께서 이 땅에 오셨는데 예수님 당시 종교 지도자들이라 할 수 있는 예루살렘 성전의 대제사장들과 사두개파 사람들은 예수님의 말씀을 듣고도 예수님을 믿지 않았습니다.

그리고 당시 유대 사회에서 경제적 중산층이라 할 수 있는 바리새파 사람들도 예수님의 말씀을 듣고도 예수님을 믿지 않았습니다. 그들은 무지해서가 아니라, 율법과 선지자를 완전하게 하신 하나님의 아들 예수 그리스도를 거부했던 것입니다. 그들의 관심은 하나님보다 '건물' 예루살렘 성전을 중심으로 그들이 누리는 종교 기득권뿐이었습니다.

그래서 그들은 결국 예수님에게 "화 있을진저."라는 독한 말까지 들었습니다. '하나님의 일'은 '하나님께서 보내신 이를 믿는 것'입니다.

그런데 사두개인들과 바리새인들은 하나님께서 보내신 예수 그리스도를 믿지 않았습니다. 그래서 그들 스스로는 하나님의 일을 한다고 말했지만, 실상 그들은 하나님의 일을 하지 않았던 것입니다.

예수님께서는 당시 로마 제국의 식민지였던 유대 사회에서 가장 무시당하고 멸시받는 사람들이었던 세리와 창기들의 친구가 되어주셨습니다.

그들은 사두개인들이나 바리새인들과 달리 예수님의 말씀을 듣고 회개하고 예수님을 믿었기 때문입니다. 그리고 예수님께서는 북이스라엘이 앗수르 제국에게 멸망한 이래로 지난 800여 년간 혼혈족 '사마리아인'으로 사람 취급받지 못했던 그들도 끌어안으시고 그들에게도 하나님 나라를 전파하셨습니다.

예수님의 용서를 향한 열정은 십자가 위에서까지도 행해졌습니다. 예수님을 십자가에 못 박은 군병들과 십자가에 달리신 예수님을 조롱하는 자들을 향해 예수님은 그들이 자기들이 하는 일을 알지 못해서 그런 행위를 하는 것이니 그들의 죄까지도 용서해달라고 하나님께 기도하셨습니다.

그 예수님을 믿는 것이 하나님의 일이고, 그 예수님의 마음을 헤아리는 것이 그리스도인의 일입니다.

15

영광과 평화로의 초대

사망 권세 이기시고 부활하신 주를 '믿는 자' 들을
영광과 평화의 나라로 초대하시는 하나님의 기쁨

Heart Training

"그 여자들이 무서움과 큰 기쁨으로 빨리 무덤을 떠나
제자들에게 알리려고 달음질할새"(마 28:8).

"우리에게 성경을 풀어 주실 때에 우리 속에서
마음이 뜨겁지 아니하더냐"(눅 24:32).

예수님께서는 손과 발에 못 박히신 채로 십자가 위에 달리셔서 물과 피를 아낌없이 쏟으시며 죽기까지 성자 예수님의 사명을 감당하셨습니다. 참을 수 없는 고통을 이겨내시며 끝내 '아프다.' 라는 말씀조차 하지 않으시고 홀로 십자가를 지셨습니다. 그 십자가 위에서 죽으신 예수님의 보혈의 공로로 세상 모든 사람들의 죄가 하나님 앞에 사함 받는 길이 열렸습니다.

그렇게 십자가 위에서 보혈을 흘리시며 우리의 죄를 대속하신 예수 그리스도께서는 장사된 지 3일 만에 사망 권세를 이기고 부활하셨습니다.

그리고 마침내 '모든 민족' 세상 모든 사람들을 영광과 평화의 자리로 초대하셨습니다. 예수님의 십자가와 부활이 하나님의 기쁨이 된 것입니다.

예루살렘 성전의 대제사장들과 산헤드린 공회의 공회원들은 로마 제국의 총독 빌라도를 통해 예수님을 십자가 위에서 죽게 했습니다.

그러고도 마음이 놓이지 않아 그들은 예수님의 제자들이 예수님의 시신을 훔쳐가고 난 후 예수님이 부활하셨다고 말할 것이라며 로마 총독에게 로마 병사들을 동원해 무덤을 지키게 해달라고 요청했습니다.

그래서 부자 아리마대 요셉의 무덤에 장사되셨던 예수님의 무덤은 로마 병사들에 의해 지켜지고 있었습니다. 그런데 예수님께서 부활하신 것입니다.

무덤을 지키던 로마 병사들이 부활을 직접 목도했습니다. 로마 병사들이 놀라서 대제사장들을 찾아와 예수님의 부활을 전하자 대제사장들이 정신이 거의 다 나가 있었던 그들의 정신을 곧바로 되찾아줍니다. 상상할 수 없는 거액의 돈이 부활의 증인들을 입 다물게 했던 것입니다.

그때로부터 예루살렘 성전의 대제사장들은 로마 제국하에서 그들의 종교적 기득권을 보다 더 확실하게 지키기 위해 예수님에 대한 악의적 소문을 전보다 더 퍼뜨리기 시작했습니다.

예수는 성전 모독자이고, 신성모독자이며, 부활했다고 속이는 자라는 소문이었습니다. 그 소문이 얼마나 그럴싸했든지 그 똑똑한 사도 바울이 청년 시절에 그 소문을 믿고 예수를 믿는 자들을 잡아 처벌해야 한다고 확신까지 했던 것입니다.

그러나 부활하신 예수님께서는 그 청년 사울에게 나타나셔서 그를 영광과 평화로 초대하시고 예수 십자가와 부활의 증인이 되게 하셨습니다.

부활하신 예수님은 엠마오로 가는 두 제자에게 나타나셔서 하나님의 말씀을 풀어주시며 그들이 다시 용기를 가지고 예수님의 증인이 되게 하셨습니다.

부활의 예수님은 무서움과 두려움에 떨고 있던 제자들에게 나타나셔서 그들로 하여금 예수 그리스도의 증인들인 사도가 되게 하셨고, 모든 민족에게 복음을 전하는 사명을 주셨습니다.

예루살렘과 온 유대와 사마리아와 땅끝까지 예수를 전하여 세상 모든 민족을 영광과 평화의 자리로 초대하셨습니다. 그래서 오늘 우리가 그 영광과 평화의 자리에 초대받아 예수 그리스도를 주라 고백하는 그리스도인이 되었습니다.

16

열리는 제자 시대

사도가 된 제자들이 마음을 합하여

'하나님 나라의 새 시대' 를 열 때 기뻐하시는 하나님의 마음

Heart Training

"베드로, 요한, 야고보, 안드레와 빌립, 도마와 바돌로매,
마태와 및 알패오의 아들 야고보, 셀롯인 시몬,
야고보의 아들 유다가 다 거기 있어
여자들과 예수의 어머니 마리아와 예수의 아우들과 더불어
마음을 같이하여 오로지 기도에 힘쓰더라"(행 1:13-14).

예수님과 3년간 동고동락(同苦同樂)한 예수님의 제자들이 성령을 받고 예수님의 증인이 되어 사도로서의 삶을 살아가기 시작합니다. 사실 그들이 예수님의 제자가 되기 전에는 로마 제국의 식민지 유대 백성으로 그저 하루하루 일상을 사는 평

범한 사람들이었습니다. 그런데 어느 날 그들이 예수님의 부름을 받고 예수님의 제자가 된 것입니다.

예수님의 제자로서의 삶은 녹록치 않았습니다. 예수님께서 머리 둘 곳조차 없이 사셨고, 두 벌 옷도 없으셨으니 제자들의 여건 또한 형편없었을 것입니다. 오죽하면 제자들이 안식일에 배가 고파 밀 이삭을 잘라 먹어 바리새인들과 사두개인들에게 언짢은 말까지 들어야 했겠습니까.

예수님께서 5,000명을 먹이시고 남은 음식을 광주리에 담게 하신 이유가 무엇이겠습니까. 아마 예수님과 제자들의 다음 끼니가 아니었을까 생각합니다.

보리떡 다섯 개와 물고기 두 마리를 가지고 축사하신 후 떼어 주신 예수님의 명령에 따라 예수님의 제자들은 5,000명의 사람들에게 발바닥에 땀이 나도록 뛰어다니며 그 음식을 나누어주었을 것입니다.

그리고 밤에 예수님께서 거라사 광인을 만나러 가시기 위해 강 건너편으로 가자고 하셨을 때 배를 구해와 그 밤에 노를 젓는 일도 제자들의 몫이었습니다.

어느 날은 예수님께서 낮에 사람들에게 가르쳐주신 하나님 나라 이야기를 잘못 이해해 저녁에 예수님께 따로 과외를 받기까지 하면서 제자의 길을 갔습니다.

그러다가 마침내 제자들이 느끼기에 예수님께서 예루살렘에서 정치적으로 크게 성공하시는 것이 아닌가 하는 생각이 들 정도로 예수님의 인기가 치솟았습니다. 그러자 야고보와 요한의 어머니인 세베대의 아내가 예수님을 찾아와 예수님이 예루살렘에서 한자리 하시게 되면 자신의 두 아들을 예수님의 오른쪽과 왼쪽에 두고 귀히 써달라는 청탁을 합니다.

그 사실을 전해 들은 나머지 10명의 제자들이 분노했습니다. 그때까지도 예수님의 제자들의 수준이 그렇게 높지 않았던 것입니다.

그런데 갑자기 예수님께서 십자가에 달려 죽으신 것입니다.

제자들이 얼마나 허망하고 놀랐겠습니까. 힘도 없고 능력도 없는 그들이 지난 3년간 한 것은 오로지 주님을 따른 것뿐인데 말입니다.

그래서 제자들이 다시 갈릴리로 돌아가 있었는데, 그곳으로 부활하신 주님이 제자들을 찾아오셨습니다. 그리고 제자들에게 다시 사명을 주셨습니다. 부활하신 예수님을 만난 제자들이 예수님의 말씀대로 예루살렘에 모여 기도하기를 힘쓰는 가운데 오순절에 성령께서 강림하셨습니다.

그러자 제자들이 예수 그리스도의 증인이 되고, 사도가 되어 초기교회를 이끄는 지도자들이 되었습니다.

라이벌이었던 베드로와 요한이 함께 성전에 기도하러 올라가다가 나면서부터 못 걷게 된 이를 예수 이름으로 고치는 기적도 일어났습니다. 예수님의 제자들은 부활 승천하신 예수님의 뒤를 이어 새 시대를 열어갔습니다.

예수님의 제자들로 인해 하나님의 마음에 큰 기쁨이 넘치셨을 것입니다.

"사도들은 그 이름을 위하여
능욕 받는 일에 합당한 자로 여기심을 기뻐하면서
공회 앞을 떠나니라
그들이 날마다 성전에 있든지 집에 있든지
예수는 그리스도라고
가르치기와 전도하기를 그치지 아니하니라"
(행 5:41-42).

17

경계를 넘어선 복음의 확장

모든 민족을 향한
'예루살렘 공의회의 아름다운 결정' 을 바라보시며
기뻐하시는 하나님의 마음

Heart Training

"우리는 그들이 우리와 동일하게
주 예수의 은혜로 구원 받는 줄을 믿노라"(행 15:11).

"이방인 형제들에게 문안하노라"(행 15:23).

하나님께서 아브라함과 맺으신 언약은 처음부터 '모든 민족'을 복 주시기 위한 하나님의 계획이셨습니다. 하나님께서는 하나님의 형상을 닮은 사람을 창조하시고 심히 기쁘셨고, 그 사람들을 복 주고 싶으셨던 것입니다.

그래서 아브라함의 후손들로 제사장 나라를 삼으셔서 하나님과 모든 민족 사이에 평화를 만드는 나라가 되게 하고 싶으셨습니다.

그런데 아브라함의 후손들은 하나님과 제사장 나라의 언약을 맺었음에도 불구하고 그 언약을 지키지 않았습니다. 하나님께서는 아브라함의 후손들인 이스라엘이 하나님과 맺은 제사장 나라 언약을 기억하고 실행하게 하기 위해 많은 선지자들을 보내셨습니다. 그러나 그들은 끝내 제사장 나라 거룩한 시민의 사명을 감당하지 못했습니다.

그래서 하나님께서는 하나님의 독생자 예수 그리스도를 이 땅에 보내셔서 제사장 나라를 담는 하나님 나라를 열게 하셨습니다. 그런데 예수님 당시 아브라함의 후손들은 유대 땅에서 제사장 나라의 사명은 감당하지 못하면서도 그들이 하나님께 선택받은 선민이라는 의식은 필요 이상으로 많이 가지고 있었습니다.

제사장 나라의 존재 이유는 '모든 민족'을 위한 것인데, 자신들만 하나님께 선택받은 선민이고 자신들 이외에 나라들은 모두 이방인이라는 엉뚱한 사상에 사로잡혀 있었던 것입니다.

그래서 하나님의 아들 예수 그리스도께서 십자가 위에서 세상 모든 사람들의 죄를 대속하셨다는 것을 받아들이려 하지 않았던 것입니다.

여전히 그들은 제사장 나라의 형식과 법만을 존중하고, 이방인들과는 함께하지 않으려 했습니다. 이것은 예루살렘과 온 유대와 사마리아와 땅끝까지 복음을 전하는 데 걸림돌이 되었습니다.

유대교 유대인들은 기독교 유대인 사도 바울이 이방인의 사도가 되어 '예수는 주'라는 복음을 전하자, 목숨 걸고 사도 바울의 전도 사역을 방해했습니다.

그리고 유대교 유대인들은 예수를 믿기로 작정한 사람들에게 율법과 할례를 받아야 구원을 받는다고 주장했습니다. 이 문제는 주의 복음을 전하는 데 큰 방해가 되었습니다.

이 문제를 해결하기 위해 사도 바울이 1차 전도여행을 마치고 바나바와 함께 예루살렘에 올라갔습니다. 당시 예루살렘에 세워진 초기교회는 예수님의 동생 야고보가 교회의 책임을 맡고 있었고, 예수님의 제자들이 사도가 되어 주의 복음을 전하고 있었습니다. 초기교회의 지도자들은 사도 바울이 들고 온 이방인 전도와 할례 문제를 심도 있게 논의했습니다. 이것이 제1차 예루살렘 공의회였습니다.

예루살렘 공의회는 오직 예수 그리스도를 믿는 믿음으로 구원받고, 할례 문제를 가지고 이방인 형제들을 괴롭게 하지 말자는 결론을 도출했습니다.

예루살렘 공의회는 경계를 넘어선 복음의 확장을 위한 아름다운 결정으로 하나님의 마음을 크게 기쁘시게 했습니다.

18

준비된 면류관 남겨진 부탁

준비된 면류관을 꿈꾸는 바울의 고백을
디모데와 마가가 믿고 따를 때 기뻐하시는 하나님의 마음

Heart Training

“하나님이 우리에게 주신 것은 두려워하는 마음이 아니요
오직 능력과 사랑과 절제하는 마음이니”(딤후 1:7).

“이제 후로는 나를 위하여 의의 면류관이 예비되었으므로
주 곧 의로우신 재판장이 그 날에 내게 주실 것이며
내게만 아니라 주의 나타나심을 사모하는
모든 자에게도니라”(딤후 4:8).

사도 바울이 1,2,3차 전도여행을 하는 과정에서는 유대교 유대인들의 지독한 방해 때문에 고생을 많이 했습니다. 유대교 유대인들이 예루살렘 성전의 대제사장들의 말을 믿고 제사장

나라가 종료되었음을 인정하지 않았기 때문입니다.

예수님께서 십자가 위에서 "다 이루었다."라고 말씀하신 순간 예루살렘 성전의 휘장이 찢어졌습니다. 이는 더 이상 대제사장이 1년에 한 번씩 지성소에 들어갈 이유가 없어졌다는 것입니다. 그런데 대제사장들은 없어 보이게(?) 찢어진 휘장을 다시 꿰매고 아무 효력도 없는 지성소에 들어가는 퍼포먼스를 그 후로도 30년간이나 더 행했습니다.

그러면서 기독교 유대인들이 '예수는 주'라고 외치면 그것이 신성모독죄라고 하여 그들을 잡아서 죽이는 일을 하나님의 일이라고 시행했습니다. 당시 예루살렘 성전의 대제사장들과 산헤드린 공회는 로마 제국의 지배를 받는 유대 나라임에도 불구하고 종교 기득권을 가지고 있었습니다.

그들이 가진 권한은 예루살렘 성전을 중심으로 1년에 3차례 명절(유월절, 오순절, 초막절)을 주관하고, 예루살렘 성전의 헌금을 관리하며, 로마 전역의 디아스포라 유대인들이 모이는 회당에 공문을 보내고, 종교재판을 통해 사형까지도 시행할 수 있는 권한을 가지고 있었습니다.

그런데 기독교 유대인들이 '예수는 주'라고 외치며, 예수 그리스도의 십자가를 통해 세상 모든 사람의 죄가 사함을 받는 길이 열렸다고 하니 그 주장을 받아들이고 싶지 않았던 것입니다.

그들은 예루살렘 성전 제사와 대제사장을 통한 하나님의 사면권이 여전히 유효하다고 주장했습니다. 그러니 기독교 유대인들과 유대교 유대인들은 충돌할 수밖에 없었습니다.

그와 같은 이유에서 사도 바울이 소아시아와 유럽에 복음을 전하는 과정에서 유대교 유대인들로부터 많은 핍박을 받았습니다. 예루살렘 성전의 대제사장들과 산헤드린 공회가 보낸 공문을 받은 각 지역 회당에 속한 디아스포라 유대인들은 사도 바울의 전도를 막아야만 했던 것입니다.

그럼에도 불구하고 사도 바울이 3차 전도여행을 마치고 예루살렘을 방문했을 때 유대교 유대인들로부터 목숨을 지킬 수 있었던 것은 사도 바울이 '로마 시민권자' 이었기 때문이었습니다. 로마 제국은 법으로 제국 전역에서 '로마 시민권자' 를 보호해주고 지켜주고 있었기 때문입니다.

그런데 A.D.64년 로마 대화재 사건이 발생하면서 기독교 유대인들이 로마 대화재 사건의 방화범으로 누명을 쓰게 되었습니다. 그때부터 기독교 유대인들은 유대교 유대인들의 방해를 넘어 로마 제국의 박해와 맞닥뜨리게 된 것입니다.

마침내 로마 제국에 의한 죽음을 인지하게 된 사도 바울이 유언과 같은 편지를 써서 믿음의 아들 디모데에게 보냅니다(딤후 1-4장). 그런데 그 편지의 내용이 슬픔이 아니라, 오히려 준비된 면류관을 받는 기쁨을 노래하고 있습니다. 또한 디모데에게 복음과 함께 고난을 받으라는 부탁과 함께 복음 전파의 사명을 맡깁니다.

사도 바울의 이 편지를 받고 믿음을 견고히 하는 디모데와 마가 때문에 하나님의 마음이 얼마나 든든하고 기쁘셨겠습니까.

19

선한 싸움을 위한 편지

땅끝까지 끝 날까지 '선한 싸움'을 싸우는
그리스도인을 응원하시는 하나님의 마음

Heart Training

"너희가 다 마음을 같이하여 동정하며
형제를 사랑하며 불쌍히 여기며 겸손하며
악을 악으로, 욕을 욕으로 갚지 말고 도리어 복을 빌라
이를 위하여 너희가 부르심을 받았으니
이는 복을 이어받게 하려 하심이라"(벧전 3:8).

로마의 5번째 황제인 네로로 인해 기독교 유대인들이 A.D.64년 로마에서 발생한 로마 대화재 사건의 방화범으로 누명을 쓰면서 당시 초기 기독교 지도자들 가운데 200여 명이 순교했습니다. 그 당시는 예수님이 부활 승천하신 지 30여 년이

지난 때로 아직 기독교가 튼튼하게 뿌리를 내리지 못해 연한 순같이 약한 상태였습니다.

그런데 교회 지도자들 200명이 한꺼번에 순교하고, 공식적으로 로마 제국이 기독교인들에 대한 박해를 시작하자 기독교가 뿌리째 흔들릴 것 같은 위기에 휩싸이게 된 것입니다.

그러자 살아남은 교회 지도자들이 아직 믿음이 연약한 성도들을 지키고 보호하기 위해 혼신의 힘을 쏟아야만 했습니다. 초기교회 지도자들이 로마 제국의 눈을 피해 성도들을 지킬 수 있는 하나의 방법이 편지였습니다.

그래서 베드로 사도와 요한 사도, 그리고 야고보 사도 등이 복음 편지를 써서 여러 교회의 성도들이 돌려가며 볼 수 있게 했습니다. 믿음에 굳게 서서 로마 제국의 핍박을 이겨내라는 내용과 예수 그리스도의 복음이 얼마나 귀하고 값진 것인지를 알려준 것입니다.

그럼에도 불구하고 로마 제국의 핍박이 날이 갈수록 심해지자 예수를 믿기로 결심했던 그리스도인들 가운데 배교하는 자들이 나타나기도 했고, 유대교로 돌아가는 사람도 생겨나기 시작했습니다. 설상가상으로 이단까지도 출현하여 복음을 방해하기까지 했습니다. 로마 제국과 유대교 유대인들은 기독교가 곧 종식될 것이라 믿을 정도였습니다.

그런데 놀랍게도 교회 지도자들의 편지인 〈공동서신 9권〉에는 상상을 초월하는 힘이 있었습니다. 초기교회 지도자들의 편지를 전해 받은 그리스도인들이 마음을 굳게 하고 믿음을 지키며 선한 싸움을 시작하게 된 것입니다. 성령께서 그리스도인들의 마음을 굳게 도우셨던 것입니다.

베드로 사도는 그의 편지에서 '욕을 욕으로 갚지 말고 도리어 복을 빌라.' 라고 말했습니다. 예수님께서 열정을 쏟으셨던 〈용서를 향한 열정〉을 그 당시 그리스도인들도 배워야 했기 때문입니다. 그리고 용서를 향한 열정을 위해 그리스도인들이 부르심을 받았고, 이것은 복을 이어받는 비결이라고 가르쳐주었습니다.

이것이 예수 그리스도를 통해 새로운 피조물이 된 그리스도인의 삶의 자세입니다. 이것이 또한 그리스도인으로 빛과 소금의 역할을 하는 것입니다. 악을 악으로 갚는다면 어떻게 그리스도인이라 할 수 있겠습니까. 초기교회 지도자들이 쓴 편지는 예수 그리스도의 복음을 위한 선한 싸움을 위한 편지이지, 악을 악으로 갚는 그런 시시한 싸움이 아닙니다.

이것이 하나님께서 원하시는 하나님의 사람의 마음입니다.

20

미리 건네받은 승리의 노래

새 하늘과 새 땅을 만드신 하나님의 기쁨을 미리 맛보고
승리의 노래를 부르는 그리스도인들

Heart Training

"보라 내가 만물을 새롭게 하노라"(계 21:5).

"우리 마음을 주 앞에서 굳세게 하리니"(요일 3:19).

"보라 내가 속히 오리니"(계 22:12).

예수님의 12제자 가운데 가장 나이 어린 제자로서 예수님의 사랑을 많이 받았던 요한이 노(老)사도가 되어 초기교회를 책임지다가 로마 제국에 의해 밧모 섬으로 유배되었습니다. 사도 요한은 밧모 섬의 채석장에서 거칠고 험한 일을 해야만 했습니다. 채석장으로의 유배는 당시 로마 제국이 사형 다음에 해당하는 죄인에게 내리는 형벌이었습니다.

그러한 상황에서 사도 요한이 여러 교회에 편지를 보내 성도들을 격려하고 용기를 북돋우며 믿음을 굳게 지키게 했습니다. 사도 요한은 여러 교회의 성도들에게 부활 후 승천하셨던 그 모습으로 다시 오실 주님에 대해 가르쳐주었습니다. 그리고 그날에 고난을 이겨낸 성도들이 받게 될 큰 상에 대해서도 가르쳐주었습니다.

사도 요한은 보좌에 앉아 계시는 주님께서 "보라 내가 만물을 새롭게 하노라."라고 말씀하시는 환상을 보고 그 놀라운 사실을 성도들에게 전했습니다.

사도 요한의 편지는 고난을 이겨낸 성도들에게 〈미리 건네받은 승리의 노래〉를 전한 것입니다. 이 승리의 노래는 만물을 새롭게 하시는 하나님의 노래이고, 하나님의 마음입니다.

주님의 마음을 본받는 자가 다시 오실 주님과 함께 최후에 승리의 노래를 부를 것입니다.